TESTEMUNHO DE UMA VIDA

Silézia A. Santos
TESTEMUNHO DE UMA VIDA

Ágape

São Paulo, 2023

Testemunho de uma vida
Copyright © 2023 by Silézia A. Santos
Copyright © 2023 by Novo Século Editora Ltda.

Editor: Luiz Vasconcelos
Gerente editorial: Letícia Teófilo
Assistente editorial: Érica Borges Correa
Preparação de texto: Patricia Murari
Revisão: Carla Sacrato
Projeto gráfico e diagramação: AmoLer Diagramações / Nice Cipriani
Capa: Ian Laurindo

Dados Internacionais de Catalogação na Publicação (CIP)
Angélica Ilacqua CRB-8/7057

Santos, Silézia A.
    Testemunho de uma vida / Silézia A. Santos. -- Barueri, SP: Novo Século Editora, 2023.
    96 p.

ISBN 978-65-5724-080-9

1. Testemunhos (Cristianismo) 2. Silézia A. Santos – Memória autobiográfica 3. Milagres I. Título

23-2259   CDD 248.5

Índice para catálogo sistemático:
1. Testemunhos (Cristianismo)

EDITORA ÁGAPE LTDA.
Alameda Araguaia, 2190 – Bloco A – 11º andar – Conjunto 1112
CEP 06455-000 – Alphaville Industrial, Barueri – SP – Brasil
Tel.: (11) 3699-7107 | Fax: (11) 3699-7323
www.editoraagape.com.br | atendimento@agape.com.br

"Não te mandei eu? Sê forte e corajoso, não temas nem te espantes, porque o Senhor, teu Deus é contigo por onde quer que andares" (Josué 1:9).

Desde criança eu era uma pessoa diferente, dizia minha mãe. Quando eu estava em seu ventre, mexia muito, diferente dos outros filhos que ela já havia tido – eu era a oitava de dez filhos. Nasci grande e saudável. Os meus pais falavam que eu era alegre e inteligente.

Aos três anos, aproximadamente, fui acometida por uma doença de nome paludismo ou malária e tive como sintoma uma febre terrível e bem demorada, que quase me aniquilou. Segundo eles, sobrevivi por milagre! Só não sei por quanto tempo essa doença permaneceu em meu organismo. Soube que era de difícil cura. Tive que tomar 35 ampolas de uma injeção chamada Paludan, fora outros remédios da época. Eram ampolas enormes, cheias de um líquido azul que doía muito! Quando era hora de tomar eu queria sumir! Tudo isso aconteceu há 68 anos. Hoje nem deve mais existir estas medicações.

Com quase 8 anos de idade eu aparentava ter 4, de tão pequena e magra! Minha mãe guardou umas peças de roupas para me mostrar quando eu fosse adulta. Quando eu vi, foi inacreditável! Uma criança de quase 8 anos, mesmo sendo miudinha, não entraria naquelas roupinhas. Agora, imaginem uma criança de pele e osso, magra, raquítica e miúda, tendo que tomar uma injeção daquele tamanho e por tanto tempo. Eu quase morria! É exatamente como está escrito: 35 ampolas de Paludan! Os antigos que entendem de saúde devem conhecer essa medicação e a doença que ela combatia.

    O problema da medicação não se limitava a mim. Era uma dificuldade para quem me segurava e também para quem aplicava. A responsabilidade era grande. Apesar de todos os problemas, não os menosprezando, aquele farelo de gente (eu) era uma criança forte e arisca. Não sei o porquê da fortaleza, só sei que dava muito trabalho. Fazia um grande escândalo, porque doía demais! Em alguns casos, me lembro bem, eu era medicada todos os dias. Coitadas das pessoas envolvidas! Eram parentes e amigos da família. Eu sabia que me amavam e tinham compaixão por mim, os via chorar às vezes. Quando eu notava as lágrimas no rosto das pessoas, me emocionava e inconscientemente relaxava. Eles então aplicavam e logo me agradavam e me distraíam com algo. Mesmo com o sofrimento e entre soluços eu sentia dó deles.

    Eu era corajosa, valente e enérgica, sempre muito observadora. Teimosa como todas as crianças. Além da enfermidade que citei, eu tive todas as doenças comuns na infância: catapora, sarampo, coqueluche etc. Mesmo sendo doenças que todas as crianças tinham, elas representavam um grande sofrimento e eu as tive logo após melhorar da malária, dos 6 aos 7 anos de idade.

Não bastasse tudo isso eu sofria de bronquite desde os 6 anos de idade. As crises eram terríveis. Na época tudo foi feito, mas nada adiantava. Depois de algum tempo a bronquite se tornou crônica e aí ficou ainda mais difícil. Sofri deste mal até os 34 anos. Eu já era casada, tinha meu primeiro filho e morava no Farol de São Tomé em Campos, no Rio de Janeiro. Lá uma senhora me viu em crise, teve compaixão de mim e me aconselhou a fazer um xarope caseiro da flor do fumo, feito com açúcar cristal. Ela providenciou uma porção da flor do fumo e logo preparei o xarope. Era para fazer um litro da medicação, colocar num jarro de vidro depois de frio e, em seguida, colocar na geladeira. A senhora me orientou a tomar no primeiro dia da crise uma colher de sopa por dia, de manhã e em jejum, até acabar todo o xarope, sem esquecer nem um dia. Ela ainda acrescentou: "Se fizer certinho, nunca mais terá este mal de bronquite, nem se vier a ter um resfriado ou uma gripe". E assim foi.

Dois anos antes de conhecer a moça caridosa que me falou do xarope da flor do fumo para cura de bronquite asmática, eu havia tido uma grande crise desse mal que me levou ao pronto-socorro de São Gonçalo, cidade metropolitana a 250 km de Campos de Goytacazes. Ali eu recebi uma medicação. Logo após o remédio na veia eu comecei a ver tudo aumentar; falei para o enfermeiro que estava vendo tudo crescendo e ele me falou que era o efeito da medicação – "às vezes isso acontece", depois me levou para o leito, pediu para eu deitar e esperar um pouco que logo melhoraria e teria alta. De repente o rapaz olhou para mim e eu estava tendo um choque anafilático: uma reação alérgica que pode ocorrer segundos ou minutos depois da exposição a um alérgeno. O enfermeiro imediatamente chamou o médico que estava de plantão, que já veio com uma injeção de epinefrina e me aplicou na veia. Melhorei um pouco e me levantei para ir embora, mas o doutor não quis me deixar sair por eu ainda não estar bem. Expliquei que tinha deixado os meus filhos com a minha irmã e não podia ficar, mesmo assim ele não queria que eu saísse. Porém, teimosa que sou, insisti e saí. O doutor viu que não tinha jeito e me orientou para que se eu não melhorasse, retornasse logo.

Quando atravessei a rua indo para o ponto de ônibus as minhas pernas não obedeciam ao meu comando. Quase fui atropelada por um ônibus. Com sacrifício consegui chegar junto à porta do motorista, que gentilmente a abriu. Eu entrei e ele perguntou para onde eu ia. Expliquei o que tinha acontecido comigo, então ele me deixou em frente à rua que eu queria, me recomendou ter calma e prestar bem atenção. Ele foi muito bom, teve compaixão de mim. Andei só um pouco até a casa e mesmo assim, bem mal, não consegui passar do portão. Chamei minha irmã, que logo veio, e pedi água, pois estava com uma sede absurda. Trouxeram um litro cheio e eu bebi tudo de imediato. Nem cheguei a entrar, estava sentindo que as minhas costas estavam coladas ao meu peito de tanta secura! O irmão do meu cunhado estava lá de carro e imediatamente me levou de volta para o pronto-socorro. O médico nem saiu da porta, pois sabia que eu voltaria, e me encaminhou para o hospital São Jorge, no bairro Paraíso, que era o mais próximo, chegando lá fui imediatamente atendida. A causa do problema foi diagnosticada: envenenamento medicamentoso por alergia. Segundo o médico do hospital, eu não fui a óbito por um triz, graças a Deus.

Fiquei quatro dias no hospital. No segundo dia, logo cedo, fiz uma série de exames. Já estava bem melhor à tarde. Observei como alguns funcionários que trabalhavam no turno da noite saíam por uma porta ao lado do hospital, que dava para outra rua, então eu dei uma saída rápida pelo mesmo lugar e fui ver meus filhos na casa da minha irmã e tranquilizá-los, pois, logo eu estaria de volta. Fiz isso porque era bem perto, voltei para o hospital, fui para o meu leito e ninguém me viu, nem nunca souberam: mas isso não se faz! No quarto dia tive alta na parte da manhã e fui para casa na hora da visita.

Aos 41 anos eu fui a um ginecologista para fazer o preventivo. O médico pediu alguns exames e os resultados apontaram que eu estava com um cisto no ovário e que precisava tratar, mas, com a luta que eu tinha e sem tempo de voltar ao médico, fui deixando. Daí eu comecei a ter um sangramento. Enquanto eu esperava o sangramento melhorar para ir ao médico, ele foi aumentando e eu, sem tempo e com outros problemas, fui deixando e o tempo passando. Fiz um repouso para ver se melhorava para eu poder sair, pois minha irmã aguardava visita do médico em casa. Estando ela só, pediu para que eu fosse com os filhos ficar lá de companhia. Me preparei e fui dar um apoio para ela. Era perto, e ela sempre me ajudava quando eu precisava. Chegando lá minha irmã me achou muito branca. Não sabia da minha situação. Quando falei que estava perdendo sangue há quase três meses ela se preocupou muito e, sendo irmã mais velha, me chamou a atenção e falou que era para eu ter ido ao médico do jeito que eu estava, não tinha que esperar melhorar nada.

O médico que aguardávamos chegou e a atendeu, passou medicação e disse que estava tudo bem. Ele teve preocupação maior foi comigo, pois eu já estava com anemia profunda, e necessitava de uma consulta médica imediatamente. Ao saber do meu problema, o médico falou que meu caso era muito sério e logo foi embora.

Como minha irmã estava bem, eu saí em seguida. No caminho encontrei com uma sobrinha que trabalhava num hospital. Ela estava indo visitar minha irmã e também se apavorou quando me viu. Expliquei a ela o que tinha acontecido comigo e foi ótimo tê-la encontrado, pois ela determinou que eu estivesse no hospital que ela trabalhava no dia seguinte logo às 7h da manhã.

Cheguei ao hospital no dia seguinte e ela conversou com o médico, um cirurgião amigo dela, a respeito da minha situação. Na época ela era instrumentadora e o médico pediu que me levasse a ele. Quando ele me viu, fui internada imediatamente para ser operada: fiz os devidos exames, mas eu não podia operar, pois meus hematócritos estavam baixíssimos. Precisei receber pelo menos duas bolsas de sangue. Comecei a tomar a primeira quase na hora do almoço. Estava na metade quando chegou a alimentação. Uma enfermeira estava perto de mim cuidando de uma paciente, então perguntei se eu podia almoçar durante a transfusão e ela disse que sim. Fiquei alegre, pois eu estava muito fraca e cheia de fome. Pedi que levantasse um pouco a cama para eu recostar bem e comecei a comer devagar e a enfermeira, concluindo seu trabalho, saiu. No mesmo momento entrei em choque anafilático. Uma colega perto da porta gritou dizendo que eu estava tendo uma crise nesta hora. Uma enfermeira que passava no local veio com dois médicos e me aplicaram uma injeção na veia. Os médicos se reuniram com minha sobrinha e falaram que se me deixassem como estava eu não teria como sobreviver. Realizar a cirurgia no estado que meu sangue apresentava era arriscado, e não realizar também era arriscado. Como diz o ditado: "se correr o bicho pega, se ficar o bicho come". Sendo assim, optaram pela cirurgia. Mais um milagre de caso de choque anafilático na mesma pessoa.

Para honra e glória de Deus Jeová vivo e de poder infinito: nunca houve outro igual, nem maior e jamais haverá. Amém. Por isso que eu ainda estou aqui tentando fazer este livro que Ele determinou. Amém!

A verdade é que desde que fomos gerados, o Senhor Deus está conosco para nos livrar e proteger de todo mal. Eu só sei que até hoje, aos 38 anos invertidos, (tenho 83 – essa é uma piada que costumo fazer!) nunca mais tive a tal da bronquite, graças a Deus.

Aos vinte e poucos anos comecei a sentir muita dor nas costas, nos pés e nos dedos dos pés. Eu ia aguentando por não ter tempo de ir ao médico, trabalhava muito. Quando cheguei a ir eu já estava com um problema mais sério, comecei o tratamento, mas também sem ter condição de fazer corretamente. O trabalho aumentando, sem poder parar, cada vez mais luta, veio casamento, depois os filhos e mais problemas. Acabei tendo outras doenças crônicas, fiquei hipertensa, tive uma artrose de terceiro grau na coluna vertebral que se transformou em degenerativa, sofria de taquicardia avançada, arritmia cardíaca contínua, tive sintomas de Alzheimer, participei de duas juntas médica, fiz tratamento de Alzheimer por mais de um ano, mas os médicos chegaram à conclusão que não era este mal. Quando eu ia participar da terceira junta médica para saber a causa deste esquecimento absurdo, veio a pandemia de COVID-19 e não foi possível fazer. Hoje, para a honra e glória de Deus Jeová, estou curada de quase todas as doenças que tinha. O que tenho agora são coisas normais na minha juventude, no auge dos meus 83 anos.

Quando tinha 12 anos comecei a entender os milagres de Deus em nossas vidas, a enfermidade que tive era de difícil cura. Então soube que, antes de mim, uma irmã, a quarta filha dos meus pais, teve meningite meningocócica quando criança; com grande luta na época, foi curada sem ficar nenhuma sequela. Aí está uma doença pior ainda do que a que eu tive! Minha fé em Deus aumentava e se fortalecia diante desses testemunhos.

Comecei a estudar muito e me interessar pela área de saúde. Aprendi bastante mesmo aparentando muito menos idade do que eu realmente tinha. Eu gostava de saber! Aprendi tudo que eu queria saber de bom: fiz cursos diversos, de todas as áreas e profissões, graças a Deus. Eu era católica praticante, fui batizada, crismada e consagrada. Aos 12 anos fiz primeira comunhão. Só nunca soube rezar nem conhecia imagens. Aos domingos eu ia para a igreja: não havia coisa melhor para mim do que ir à igreja. Sempre fui destemida: não tenho medo de nada nesta vida. Sou cristã de uma fé inabalável! Bem temente a Deus Jeová! O Criador, Pai de Nosso Senhor Jesus Cristo. Aquele que morreu a nossa morte! Sim, a Bíblia nos diz que "todos pecaram e destituídos estão da glória de Deus; sendo justificados gratuitamente pela sua graça, pela redenção que há em Cristo Jesus, ao qual Deus propôs para propiciação pela fé no seu sangue para demonstrar a sua justiça pela remissão dos pecados dantes cometidos, sob a paciência de Deus. Para demonstração da sua justiça neste tempo presente para que ele seja justo e justificador daquele que tem fé em Jesus" (Romanos 3:23--26). Quando tinha que tomar a hóstia consagrada, no dia de ceia, eu confessava meus pecadinhos para o padre, mas eu sabia que como ser humano o padre também é pecador, como todo mundo.

Os pecados maiores, como mentiras, desobediências, teimosias, astúcias, rebeldias etc., eu deixava para contar somente ao Senhor, pois Ele sabe de todos! O padre me mandava rezar aos pés de determinado santo e, como eu não sabia, procurava um cantinho da igreja e ali de joelhos eu conversava em pensamento com Deus. Dizia o que o padre me mandou fazer, mas o santo que eu conhecia era o Senhor e seu filho Jesus. Como o Senhor já conhece os meus pecados, eu pedia perdão e outras coisas mais, como: abençoar minha família, aos vizinhos e outros entes queridos. Depois que eu pedia perdão a Deus pelos meus pecados, agradecia pelas nossas vidas e por tudo que Ele fazia e faz de bom para a gente, saía dali alegre e muito feliz da vida. Eu sempre conversava com Deus, meu Senhor e criador, pedindo perdão pelas minhas transgressões, também pedia que continuasse nos abençoando em nome de Jesus, maravilhoso mestre divino, nosso Salvador! Assim eu fazia, faço até hoje e farei sempre.

Comecei a trabalhar embrulhando mariolas aos 13 anos numa fábrica de doce de banana, na Praça Cruzeiro, em Rio Bonito. Fiz isso para não estudar. Custei a convencer minha mãe a me deixar largar os estudos. Só consegui por bons argumentos da palavra, dom este que Deus me deu.

Que arrependimento ter abandonado os estudos! Foi uma grande luta para concluir mais tarde, depois de adulta. Logo depois deixei o trabalho na fábrica de doce, e meu irmão mais velho me arrumou um emprego de babá, no Rio de Janeiro, no qual também fiquei pouco tempo. Fui trabalhar numa casa de família em Quintino Bocaiuva, um bairro no subúrbio do Rio de Janeiro. Fui muito bem recebida e trabalhava bem. Fiz ali um bom relacionamento de amizade. Fiquei até os 17 anos, depois passei a trabalhar em uma confecção chamada SPARTA. Essa empresa confeccionava para lojas da Ducal Roupas, que foi uma rede de lojas de roupas masculinas brasileira de muito sucesso nas décadas de 1950 e 1960, chique e de bom gosto. Desde os 8 anos eu já tinha uma boa noção de costura, pois minha mãe era uma costureira de grande valor. Todas as filhas nasceram com este dom. Mais tarde fui trabalhar em outra confecção de moda: A Triunfante, José Silva Modas. Nesta eu trabalhei um bom tempo e depois de um ano, por ser uma funcionária dedicada, comecei a substituir as diversas funções de colegas em seus períodos de férias, em quase todos os setores, por exemplo: caixa, expedição, escritório etc. Graças a Deus eu sabia fazer de tudo e fazia com amor, dedicação e atenção ao trabalho; sem dúvidas eu dava o meu melhor. Com isso, conquistei a admiração dos chefes, amigos e colegas.

Desde criança aprendi com meus pais que "tudo que fizermos de bom deveria ser bem-feito e com alegria, boa vontade e muito amor, pois assim nos sentiríamos úteis, felizes e, certamente, vencedores".

Conheci pessoas boas, fiz amigos e amigas, tive uma vida normal como outras moças legais da minha idade na época. Trabalhei muito! Voltei a estudar e, após terminar o ensino fundamental, fiz cursos diversos. Aprendi sobre todas as funções e áreas de trabalhos honrados. Não sei o que é desânimo nem preguiça. Preguiça, somente o bicho-preguiça, que, por sinal, é muito lindo! Só não admiro sua natureza vagarosa. Apesar dos sofrimentos e dificuldades que tive e tenho nesta vida, agradeço ao Criador Deus Jeová por ter me feito assim como sou, uma pessoa inteligente e com capacidade de aprender e saber de tudo que existe de bom nesta vida.

    Amados leitores, isto é um dom de Deus e Ele deu a mim e a todos! Só é preciso que desenvolvamos os dons que Ele nos dá. Ele quem nos inspira, esclarece e capacita. Só temos que querer ler as Escrituras Sagradas e fazer o que nos diz no livro, é só crer e obedecer:

> Ninguém te poderá resistir todos os dias de tua vida. Como fui com Moisés assim serei contigo, não te deixarei nem te desampararei.
> Sê forte e corajoso, porque tu farás este povo herdar a terra

que sob juramento prometi dar a seus pais.
Tão somente sê forte e mui corajoso para teres o cuidado de fazer segundo toda a lei que meu servo Moisés te ordenou. Dela não te desvies, nem para direita nem para a esquerda, para que sejas bem-sucedido por onde quer que andares.
Não cesses de falar deste livro da lei. Antes medita nele dia e noite para que tenhas cuidado de fazer segundo tudo quanto nele está escrito e então farás prosperar o teu caminho e será bem-sucedido.
Não te mandei eu? Sê forte e corajoso, não temas nem te espantes, porque o Senhor, teu Deus é contigo por onde quer que andares (Josué 1:5-9).

Amigos, a Bíblia Sagrada é o melhor livro que se tem para ler. Costumo dizer que é um livro vivo e muito importante! Ele nos ensina sobre tudo que precisamos saber da vida material e espiritual. Aprendemos como devemos viver e a conhecer as pessoas e como lidar com elas do jeito que elas são, porque todos nós somos diferentes uns dos outros. Aprendemos como lidar com os esposos, com as esposas, com as famílias, com os filhos, estes desde o nascimento até a idade adulta. A Palavra nos ensina a conhecer e lidar com os animais. Enfim, tudo que precisamos para viver bem e ser prósperos em todas as áreas de nossas vidas. Alguns livros, assim como o Antigo Testamento, são um pouco mais difíceis de compreender, mas podemos pedir ajuda a um professor da escola bíblica dominical. Nas igrejas evangélicas existem pessoas capacitadas que podem nos orientar gratuitamente. O Novo Testamento é de mais fácil compreensão; caso você tenha alguma dúvida, sugiro que feche os olhos e leve a dúvida a Deus em pensamento que logo terás a resposta com esclarecimento. Ninguém melhor para tirar as dúvidas do que o próprio Autor. É muito bom mesmo!

Experimente ter este livro-vivo, a Bíblia Sagrada, em sua casa para tirar as suas dúvidas, te ajudar em todos os problemas de sua vida. Você vai gostar de conhecer melhor este Deus maravilhoso! E saber o que Ele faz e pode fazer por nós, aqueles que têm fé e querem aprender mais para que, assim, você possa dizer "tudo posso naquele que me fortalece" (Filipenses 4:13).

Quando era jovem eu não pensava em namorar sério, era só paquera ou flerte. Antigamente era assim: olhadinhas e sorrisos. Eu só queria trabalhar e estudar. Só depois de algum tempo resolvi me casar. Eu queria ser mãe. Conheci um rapaz, irmão de uma amiga minha, começamos a namorar e resolvemos nos casar. Entre namoro, noivado e casamento levamos seis meses. Se não fosse assim, creio que certamente eu estaria solteira até hoje e sem ser mãe, que era o meu maior desejo, mas o matrimônio saiu! E foi cômico: o horário que encontrei na igreja para me casar foi às 15h45. Neste dia deu tudo errado! Às 16h30 eu ainda estava no cabeleireiro. O casamento simplesmente caiu no esquecimento para mim e para a profissional que me atendia. Alguém me ouviu falar a respeito do horário da cerimônia e lembrou a dona do estabelecimento. Foi um corre-corre daqueles! Eu ainda ia buscar o meu vestido de noiva e estava tudo na "contramão", fora do caminho entre o salão e a igreja.

Consegui chegar à igreja faltando dez minutos para as seis horas da noite. Quase todos os convidados já haviam ido embora, ficaram somente os padrinhos, que eram parentes dos noivos. Alguém foi avisar ao padre sobre o imprevisto com o casamento daquele horário – que falou que quando chegassem os noivos ele os casava.

O mais engraçado foram os chiliques dos noivos das 18 horas, que chegaram quinze minutos antes do horário deles e ainda tiveram de me esperar casar. Não conseguia conter o riso dos chiliques da noiva que estava atrás de mim muito zangada.

Apesar dos risos, a verdade de todo o meu contratempo neste dia, que era para ser especial, é que eu estava sentindo que não deveria mais me casar com aquele rapaz. Esse foi meu mal: eu achava que se atrasasse bastante encontraria a igreja fechada e não haveria casamento, mas não aconteceu assim. Apesar de não ser tão jovem, eu era inexperiente.

Quando me casei, eu era proprietária de uma autoescola: instrutora de automóvel. Preparei muitas pessoas para serem motoristas profissionais e com alto grau de eficácia. A escola era respeitada pelos examinadores do DETRAN, por estar tudo certinho e em bom funcionamento. Naquela época, as provas eram feitas às quintas-feiras. Eu colocava de oito a dez alunos em prova, mesmo assim as filas eram enormes. Às vezes, eu tinha que mandar alguns alunos para outra escola tamanha a procura. Eu não pensava em lucrar, e sim em servir e ajudar as pessoas. Até hoje sou assim, não sou rica, mas sou feliz e nada me falta, pois, a minha fortuna é Jesus! Entretanto, logo depois do casamento, tive que vender a autoescola, pois estava tendo muitas contendas com meu marido, por insegurança dele.

Dois anos depois tive o meu primeiro filho muito querido. Que emoção maravilhosa e incomparável! Um ano depois dele tive a minha filha, para a minha maior alegria! Aí me tornei uma mulher realizada.

Depois de quatro anos, o meu casamento, que já não estava bom, foi de mal a pior: meu marido, sempre inconstante, foi transferido para o porto do Rio Grande do Sul, pois era da Marinha. Era para irmos todos, mas restou a promessa de nos levar logo depois de um mês.

Faltando aproximadamente dois meses para a nossa mudança, meu marido foi fazer um trabalho neste mesmo lugar (porto do Rio Grande do Sul), e ficou por lá mais de um mês. Nesse período ele visitou um cabaré e conheceu uma mulher. Ficou com ela e mentiu que era solteiro e sozinho. Alguns dias após retornar, meu marido foi mandado com a família – esposa e filhos – em definitivo para o Sul. Aí as coisas ficaram sérias! Como chegar com esposa e dois filhos? Preferiu ir sozinho primeiro. Certamente para se preparar e desmentir a tolice que fez. Mas, em vez de falar a verdade para a mulher, o idiota foi se comprometendo cada vez mais.

Fiquei fiel e sozinha. Fiel a Deus e a mim, pois meu marido não merecia fidelidade. Neste tempo todo eu tive grandes lutas, passei por muitas necessidades, praticamente enganava o estômago para não deixar os meus filhos passarem fome. Não tinha dinheiro, nem pensão, nem podia trabalhar, pois meus filhos ainda eram pequenos e cheios de problemas e traumas. Só eu e Deus sabíamos o que passávamos.

Depois de quase dois anos, o meu marido apareceu em casa para me falar que tinha se apaixonado por outra mulher e não nos levaria mais. Disse a ele:

– Eu não tenho nada a perder; os meus filhos, sim. Um pai ausente, mentiroso e irresponsável, mas eles o amam.

Os filhos não estavam perto, então pedi que ele mesmo comunicasse a decisão dele às crianças. O covarde nada falou.

Viajou logo depois e, de vez em quando, mandava cartas mentirosas com desculpas tolas e dizendo que amava muito os filhos. Eles ficavam maravilhados sem saber a verdade que só eu sabia!

O tempo foi passando e o novo relacionamento dele começou a dar errado. Quando eles se desentendiam, meu ex-marido mandava carta dizendo que vinha nos buscar. Quando eles faziam as pazes, enviava outra carta com desculpas e enrolação. Isso acarretou inúmeros problemas nas crianças, que se tornaram agressivas, rebeldes, sofreram de insônia etc. Tive que levá-los ao médico. O pediatra me indicou uma médica que era psiquiatra e psicóloga infantil. Isso foi uma bênção. Tiveram uma boa melhora após iniciarem tratamento com ela, que me aconselhou a falar com eles quem realmente era o pai deles e não esconder nada. Foi muito difícil para mim, mas, aos poucos, com jeitinho, eu ia falando a verdade. Infelizmente meus filhos achavam que eu estava mentindo, que o pai era muito bom e eu que não estava querendo ir para o Rio Grande do Sul. Enfim: piorou a situação! Comecei a orar a Deus pedindo sabedoria. Passei a falar com eles que o pai era bom e tinha muitas qualidades, mas também tinha inúmeras falhas como todo ser humano. Que a maioria dos pais e mães também têm virtudes e defeitos, uns mais e outros menos. Só existe um pai que não tem defeito nenhum: que é o nosso Pai Celestial! As pessoas não veem, mas Ele está perto de nós quando o nosso pai da terra está ausente. Ele está bem junto de nós. Se alguém estiver bem ligado Nele, pode até sentir o toque de um abraço deste Pai incomparável! Para as crianças é muito difícil entender este mistério maravilhoso, a presença de Deus conosco. Foi muito bom para nós eu ter falado de nossa fé com alegria e convicção da presença de Deus em nossas vidas, com meus filhos ainda pequenos. A fé move montanhas! Foi gratificante para eles e principalmente para mim.

Logo depois voltei à médica sem meus filhos. Contei o que estava acontecendo e ela me deu o seguinte aconselhamento: "deixe tudo preparado para uma viagem de emergência e somente na hora do embarque envie um telegrama urgente para seu marido. Faça isso assim que ele enviar uma carta dizendo que vem buscá-los. Somente responda: 'não precisa vir, já estamos a caminho' e viaje logo depois".

E foi o que fiz. O meu filho é bem inteligente, já estava começando a ler e viu o que o pai escreveu. Com alegria pegou a carta da minha mão e começou a ler gaguejando de emoção em voz alta para que todos ouvissem. A carta falava que o pai viria nos buscar. As crianças ficaram muito felizes.

Fiz exatamente como a psicóloga havia me orientado. Foram benditas trinta e seis horas de viagem que o ônibus levou para chegar à cidade do Rio Grande, no Rio Grande do Sul. No mesmo dia que viajamos, na parte final da tarde, descobri que a minha menina estava com hepatite. O que me valeu foi uma irmã solteira que teve a gentileza de nos acompanhar. Certamente ela viu que eu ia ser desfavorecida, e no propósito de me ajudar viajou com a gente e foi de muita valia. Se não fosse ela, não sei o que seria de mim. No ônibus ela cuidou do meu filho de pouco mais de 6 anos enquanto eu me dedicava completamente aos cuidados e atenção à filha menor enferma.

Só chegamos na noite do dia seguinte na casa do pai deles. Foi então que as crianças viram que o pai estava com outra mulher. Toquei a campainha e uma mulher veio atender. Perguntei pelo fulano.

– Ele não está.
– Quem é você?
– Sou esposa dele.

Dei uma risada sem graça e disse:

– Não estou entendendo. Eu sou a esposa dele e posso provar. Fui chamada por ele para vir com os nossos filhos e aqui estamos.

Ela abriu a porta para eu entrar com as crianças e, em seguida, saiu. Perguntei:

– Pra onde você vai?

– Vou procurar por ele e chamá-lo.

Ela nos deixou na casa, que certamente nos pertencia. Os dois chegaram depois de alguns minutos. Ela teve a cara de pau de ainda voltar com o meu esposo! Para ser humilhada mais uma vez, por quê? Ficou ali como se não existisse, completamente isolada. Eu até senti compaixão, mas na vida tudo tem uma explicação.

O bom é que, graças a Deus, minha irmã me foi muito útil não só no ônibus, mas também na cidade do Rio Grande. No dia em que chegamos, depois de conversar com o pai dos meus filhos, tivemos que ficar naquela casa enquanto ele e a mulher saíram. Logo de manhã levamos a menina ao médico para ser examinada. Ela teve que ficar internada por quatro dias e eu a acompanhei no hospital. No primeiro momento, deixei minha filha aos cuidados de minha irmã, pois precisava resolver a situação de nossa moradia quando saíssemos do hospital, mas tudo foi resolvido logo. Ficamos em um hotel custeado pelo meu marido até a menina ter alta do hospital.

Com exatos quatro dias, a minha filha teve alta e então eu tive alguns problemas na cidade. A mulher que estava com o meu marido enviou por ele um bilhete mentiroso para mim, marcando um encontro numa quitinete onde um irmão que eu tinha morava nesta mesma cidade, que por acaso era de propriedade do pai dela.

Quando nós estávamos na casa esperando o pai das crianças chegar, e chegou com ela, dei um tempo para ele com os filhos, mas logo avisei que a menina estava com hepatite, uma doença muito perigosa se não estiver em bastante repouso e dieta. Recomendei a minha irmã que vigiasse bem a minha filha e não a deixasse fazer arte. Melhor seria que ela se sentasse e a colocasse deitada no colo dela porque eu tinha algo a fazer. Me aproximei da mulher que estava tão só e disse que precisava falar com ela, mas antes pedi ajuda ao meu marido: disse que eu queria ter um diálogo amigável a sós com ela, se podia me dar atenção. O assunto era de mãe para mãe. Eu ia falar sobre os problemas de saúde das crianças.

Ao chegar a ela, apesar de ela saber o assunto, notei certo receio. Perguntei:

– Qual o melhor lugar para conversarmos?

– Me acompanhe até a sala de jantar – ela respondeu.

Então falei que o verdadeiro motivo de eu ter ido para o Rio Grande não era por ter sido chamada com as crianças e muito menos para atrapalhar a vida deles. Eu sabia que nada tinha a perder, mas meus filhos sim: o pai deles. No que dependesse de mim ela podia ficar tranquila. A causa é a saúde das crianças, pois eles estavam com problemas psíquicos de tanta saudade do pai.

Contei à mulher toda a história. As cartas mentirosas, a desconfiança que meus filhos tinham a meu respeito e a confiança que tinham no pai, até que falei sobre a orientação da psicóloga. Falei para ela que eles precisavam ver com os próprios olhos que o pai tinha outra mulher.

O pior é que, na hora, a infeliz ouviu, aceitou "numa boa" e entendeu. Mas a malícia dela era de muita eficácia e sua falsidade era enorme. Esperou minha filha sair do hospital para armar uma cilada para mim. Um irmão meu foi para o sul, na tentativa de arranjar um bom emprego por lá. O pai dos meus filhos arranjou uma quitinete para ele morar. Imóvel esse que era dos pais da sua amante. Eles pediram ao meu irmão para que cedesse o espaço da casa para que pudéssemos conversar. Achando estranha essa situação, conhecendo toda a história, meu irmão fingiu ceder a casa, mas se escondeu lá dentro e aguardou ela chegar. Eis que a tal mulher chegou acompanhada do pai, que se escondeu no banheiro e portava uma faca com o intuito de protegê-la caso nossa conversa culminasse em uma briga. Ou seja, a dissimulada mandou um falso bilhete dizendo que era uma conversa a sós e amigável, assim como quando eu conversei com ela sobre a saúde dos meus filhos, só que a escrita que ela me mandou não passava de uma emboscada. Ela queria era acabar comigo, mas Deus é maior.

Desconfiado, meu irmão permaneceu escondido e ficou prestando atenção. Na hora que as coisas esquentaram, ele apareceu na hora e me tirou dali. Eu saí com umas duas mechas de cabelo arrancadas, não deu nem para eu reagir, foi muito rápido! Mas isso foi o de menos diante do que era para ter acontecido comigo se não fosse a proteção divina! Com a mesma rapidez saímos dali. Era um enorme corredor, olhei para trás e vi um homem, o pai dela, com uma faca. Batemos a porta em seguida, pegamos um táxi, fomos direto para a delegacia, mas infelizmente não deu em nada. Não houve flagrante.

O pai das crianças passou mal pela grande decepção que teve com a infeliz mulher. Eu o ajudei a melhorar dando a medicação necessária. Depois que melhorou, começamos a conversar. Ele desabafou, na sua ira me contou a tolice que queria fazer: pensava em se matar. Então eu interferi com aconselhamentos e foi aí que ele acabou entendendo, mudou de ideia e me deu razão. Só pediu para não voltarmos para o Rio de Janeiro. Expliquei por "A+B" os diversos motivos pelos quais precisávamos voltar e deu tudo certo. Deus é muito bom! Tudo se acomodou. Ele me deu fé, harmonia, coragem, força e sabedoria para enfrentar as muitas lutas e problemas que passei. Se não fosse o meu pai Celestial não sei o que seria de mim. Graças a Deus, logo compramos as passagens de volta para o Rio de Janeiro. Chegamos sãos e salvos no dia seguinte.

Depois que cheguei em casa de volta, no Rio de Janeiro, passei por outras situações diversas e grandes necessidades. No início não pude trabalhar para cuidar dos filhos, que continuaram com o tratamento médico que já faziam antes. Fiquei mais de um mês atenta, com a menina no repouso para se recuperar da hepatite, seguindo a recomendação do médico do Rio Grande do Sul, inclusive pela volta de ônibus para o Rio, que foram trinta e seis horas de viagem. Foi muito difícil conseguir segurar uma criança sapeca de 4 anos e meio, aparentemente bem, sem poder pular, correr, brincar normalmente e ainda manter o irmão um pouco mais velho a distância para não se contaminar com a enfermidade. Foi a graça do Senhor que me deu essa habilidade e jeito, o menino não contraiu hepatite, amém!

Eu tinha que estar sempre perto da menina, só quando ela dormia que eu podia fazer as coisas que precisava, rápido e sem nenhum barulho para ela não acordar. Uma irmã que morava perto de mim, de vez em quando, pedia a uma de suas filhas para ir me ajudar no que fosse preciso, então eu aproveitava para ir comprar algumas coisas das quais precisava.

Quando eu viajei com eles, era tempo de férias escolares. Logo depois que voltamos, o menino começou a estudar. Assim que a menina terminou o repouso e o médico deu alta, ela também foi para o colégio. Graças a Deus estava tudo bem.

Depois de toda essa luta, e o que os meus filhos viram nesta viagem, mesmo sendo crianças, eles entenderam e pararam de me acusar. Prossegui o tratamento médico e minha vida começou a melhorar. Tive um pouco mais de descanso, graças a Deus! Sem Ele eu não teria, não tenho e nem ninguém tem condição de viver com tantos problemas e sem recursos.

Com o tempo tudo se acomodou normalmente, apesar das muitas dificuldades. Quando as crianças foram estudando e crescendo, já com 7 e 8 anos, bem desenvolvidos, eu vendia produtos de beleza, mas só podia trabalhar enquanto elas estivessem na escola. Costurava quando dava, mas minha luta era muito grande. Eu andava num cansaço absurdo. Isso porque eu era sozinha para tudo, não tinha ninguém e nem condição de pagar alguém que pudesse me ajudar.

Mesmo eu me aproximando mais de Deus, em nome de Jesus, a vida era dura para mim. Todas as pessoas têm problemas na vida. Façamos a nossa parte, pois não adianta murmurar. Só piora! Devemos é agradecer a Deus por tudo. O apóstolo Paulo nos ensinou que as Escrituras Sagradas nos dizem "em tudo dai graças..." assim com certeza vai melhorar. Outro dito da Bíblia é "na vida tudo passa...".

Quando estamos na obediência do Pai Celestial o Espírito Santo nos dá o esclarecimento e a sabedoria de aceitarmos as circunstâncias, para que não sintamos nem soframos tanto com os problemas e lutas que temos que passar. Já pensou se tudo fosse muito fácil? A vida não teria valor. O tempo passou, na verdade não é fácil viver neste mundo!

Certa vez, senti um vazio grande e minha autoestima estava em queda. Eu não podia nem pensar em morrer, pois os meus filhos queridos precisavam de mim. Quando eu via faltando quase tudo, inclusive alimentação adequada para as crianças – naquele tempo não havia merenda escolar – não era fácil!

Mesmo sendo uma pessoa equilibrada, bem econômica, que aproveitava tudo o que dava para aproveitar, eu não estava aguentando mais! Entrei em pânico e desespero, sem demonstrar para as crianças. Então levei os meus filhos para a casa de uma irmã que morava perto, falei que me esperassem até eu ir buscá-los mais tarde, os levei até o portão, esperei entrarem e voltei para casa. Entrei no banheiro e comecei a me derramar diante de Deus pedindo que me mostrasse uma Igreja. Chorava tanto que me deu um nó na garganta a ponto de eu não conseguir falar mais nada. Pensei que ia enfartar. Era um verão de imenso calor e foi aí que, de olhos fechados, eu senti uma luz muito clara, uma presença maravilhosa e um refrigério eficaz. Senti uma alegria sem igual! Parei de chorar, fiquei como se fosse levitar sem nada entender. A minha voz voltou e eu falei "Senhor, sinto que estás aqui. Mostra-me uma Igreja boa para que eu possa aprender de Ti". Fiquei esperando uma resposta, então veio uma palavra dentro de mim: "procura!". Eu repeti a mesma palavra com exclamação: procura! Ele me esclareceu com esta frase: "visita as igrejas que você já conhece, cada uma delas". Eu já tinha visitado algumas, então entendi que era para prestar mais atenção. Agradeci a bendita presença maravilhosa de meu Deus. Como eu nunca tinha visto nem ouvido ninguém falar deste Deus Criador Incomparável assim deste jeito? Quase não consegui me controlar e caminhar normalmente. Parecia que eu estava flutuando! Saí dali numa alegria que jamais senti e fui buscar os meus filhos na casa da minha irmã. Este dia para mim foi muito bom, cheio de esperanças e expectativas.

    Logo começou a aparecer trabalho. Surgiram várias clientes de costuras e, ao mesmo tempo, comecei a visitar as igrejas, como Deus tinha orientado, com mais atenção e observação. Visitei quase todas, até as de mesma denominação em lugares diferentes. Só não encontrei a igreja que eu esperava encontrar: sem luxo, vaidade e que não fizesse acepção de pessoas. Que ensinasse a todos com firmeza, amor, dedicação e carinho. Sendo que, na primeira visita já deveria ser recepcionada com calor humano, amor, compreensão. Então logo no início ensinar quem é Deus, Pai, Filho e Espírito Santo, com esclarecimento e eficácia, para um entendimento com convicção. Quase nada mudou na minha maneira de pensar. O tempo foi passando e eu estava na mesma situação. Sem saber como prosseguir na vida, passei por quase todos os tipos de espiritismo.

Algumas pessoas que eu já conhecia havia algum tempo e gostava delas, sabiam de todos os problemas que eu passava e sempre me diziam que minha vida era difícil porque eu era médium. Diziam que era coisa de "espiritismo" e, eu não gosto, mas se eu fosse para um centro desenvolver os dons, minha vida melhoraria. Algumas eram espíritas e outras tinham outro tipo de idolatria. Enfim, cada um com sua luta. Às vezes eu dizia para elas "e por que a sua vida é igual à minha ou pior?", e elas me falavam que "cada caso é um caso". Como eu sabia que elas tentavam me ajudar por compaixão diante da grande luta que eu tinha, eu dizia "se for da vontade de Deus eu irei". O incrível é que foi da vontade de Deus. Não para desenvolver algum dom, mas para eu aprender o que é o espiritismo. Ele é o meu criador, me conhece bem e sabe quem e como sou.

    Eu visitei alguns centros espíritas em alguns lugares. Não gostei. Fui a um terreiro de umbanda. Um centro que era de certo bom gosto, era chique. Lá eu fiquei para observar. Fiz roupa característica para me desenvolver dentro da religião. Era eu mesma quem costurava. Saía bem em conta para mim e ficava muito bonito. Este centro era perfeito para o que eu queria saber e observar: tinha "terreiro" para desenvolver com cânticos e tambores. Este é o nome que se dá na umbanda. É um espaço grande para dançar, "sambar", fazer seção de mesa para consultas e receitas de chás etc. Em outro dia era seção de preto-velho ou vovós. A umbanda tem disso. Só que eu fui, mas pedi em minhas orações a Deus Jeová que me guardasse. Então começaram os trabalhos. No primeiro dia, logo no início, eu, que gostava de dançar, sambei numa boa, mas o chefe botava a mão na cabeça dos que estavam na roda em que eu estava – cerca de quinze pessoas. Mal começava a rodar, os espíritos pegavam os seres que estavam na vez. Eu comecei a me apavorar, me pegava com o meu Deus em pensamento dizendo "Senhor, me protege. Não deixe que essas entidades me toquem". Eu sentia que aquelas coisas não podiam ser nada boas. Ia um depois outro, e assim por diante. Conforme ia se aproximando de mim, no ritmo dos tambores eu ia mudando de lugar, até a última pessoa antes de mim. Aí a coisa ficava realmente complicada. Quando chegava a minha vez, eu dizia no meu interior "Senhor eu tenho fé, eu conto contigo!". Era a minha primeira vez e o pai de santo – é o nome que se dá aos líderes das casas religiosas de umbanda – já devia saber que eu estava assustada. Aproximou-se de mim e falou "leva o pensamento a Deus". Respondi "Já está". Ele levou a mão na minha cabeça, começou a me rodar muito, por um bom tempo. Graças ao meu Pai Celestial, nada me aconteceu pela ajuda e proteção Divina, nem cansada fiquei. O homem era um jovem de 38 anos aproximadamente, forte e alto. Ele cansou, parou e com um sorriso – enquanto respirava firme – falou para mim:

– O teu santo é forte!

– Eu sei – falei enquanto no meu interior eu dizia "meu santo é Jesus".

– Mas um dia você chega lá.

– Se Deus quiser!

Aconteceu a primeira, a segunda, a terceira vez. Graças ao Senhor, Ele é fiel comigo. Não só a mim, mas a todos os que estiverem na fé e na obediência com Ele. Fui participar de outra seção de mesas só para observar e não gostei. Num outro dia fui para a parte de atendimento com os pretos-velhos ou vovós. Nesse dia cheguei exatamente aonde eu queria para ter a confirmação de Deus Jeová, O Criador, daquilo que eu pensava que seria o espiritismo. Então chegou a minha vez. Fui atendida por uma pessoa que manifestou um ser dizendo coisas da minha vida que só eu sabia. Eu ficava pensando e negava. O ser continuava falando, e eu negava tudo, mas falava com Deus no meu interior e Ele dizia "o diabo sabe de vossas vidas melhor do que vocês". Eu sabia que era o demo que agia no tal do espiritismo, aquele guia saía e vinha outro muito rápido enquanto eu observava bem. Chegou um que dizia ser o da minha avó e começou a falar coisas de muito tempo atrás, quando eu ainda era garota bem jovem, que somente nós duas saberíamos, até o sorriso era parecido com o dela. Enquanto eu ouvia o guia falar mesmo sem prestar atenção, eu falava em pensamento com o meu Pai Celestial que está em mim. Perguntava como isso acontece e Ele então me explicava que aqueles seres são chamados de espíritos familiares. Eles vivem fingindo e imitando os membros da família já falecidos e sobre esses é comentado na Bíblia Sagrada. Terminei de ouvir e respondi que não me lembrava de nada daquilo, o espírito foi embora e eu também para nunca mais voltar ali.

    Bem depois eu fui a um centro kardecista. Esse eu até gostei, achei bonito, um salão enorme, uma mesa bem grande. Eu sempre observando tudo, achei muito chique. Toalha de linho na mesa, copos de cristal, garrafas de água de vidro, muito bonito! Ali eu permaneci por quase quatro meses. Fundo musical orquestrado, com ave-maria e palavras bonitas quando começava a seção. Tinha um trabalho social como eu nunca tinha visto em outros lugares, nem nas igrejas que frequentei e visitei antes.

Enfim, quando faltava uma semana para que me sentasse à mesa para desenvolver minha mediunidade, eu senti uma presença maravilhosa num estado de grande alegria. Então entrei em comunhão com meu Deus e comecei a agradecer aquele momento em pensamento achando que tinha me encontrado ali. Nisso, Ele falou no meu interior "aí não é seu lugar". Em seguida, aconteceu algo estranho: uma entidade se manifestou num homem que estava à mesa, pois queria acabar com ele por não ter pagado uma oferenda que ele não pode pagar. O chefe da mesa pedia, por favor, que se retirasse, falava para ele subir e de nada adiantava, o espírito não queria ir embora de jeito nenhum. Ficava citando cada produto da oferenda que o homem tinha de pagar. Foi horrível! O presidente da mesa dizia que a família dele estava doente e por isso ainda não havia feito o pagamento, mas o demo dizia que era ele quem adoecia a família por não ter pagado a oferenda e ameaçava de morte o coitado.

Muito assustada comecei com fervor e compaixão a pedir a Deus Jeová que ajudasse aquele coitado e enviasse os seus exércitos guerreiros em favor daquela vítima. Eu só vi quando o homem foi tirado do banco, agarrado na toalha da mesa com tudo o que tinha nela e ele, do ar, caiu no chão. O demo foi levado pelos anjos guerreiros de Deus. Oh, Glória! Nunca vi coisa igual! Levantei-me de onde estava, fui ao senhor que ainda estava no chão ver se ele tinha se machucado ou se cortado com os vidros quebrados. Graças ao Pai Celestial ele estava bem, foi protegido. Eu falei para ele que foi Jesus por meio de Deus o Criador que o libertou das garras daquele demônio que queria matá-lo e disse "não se preocupe nem tenha medo, pois o medo atrai o mal. Sujeitai-vos, pois, a Deus, resiste ao diabo e ele fugirá de vós" (Tiago 4:7). Pedi para o Senhor: "Guarda e protege ele e a família dele em nome de Jesus. Amém".

Algum tempo atrás eu fiz uma promessa sem raciocinar, uma atitude estúpida, a qual algumas pessoas me diziam que quando eu fosse pagar eu teria sérios problemas. Eu só não esperava que fosse tanto, pois fiquei anos sem pagar a promessa. Eu pensei "vai ver que a minha vida está de mal a pior por não ter pagado esta dívida que fiz". Então, resolvi pagar. O compromisso era sair de casa sete domingos toda de branco, dos pés à cabeça, por baixo e por cima, tudo branco! Vestido, cinto, fita para cabelos e sapatos também brancos, sem nenhuma maquiagem. Tinha que sair de casa ao acordar, fazer a higiene e em completo jejum rezando a ave-maria sem interrupção, com o pensamento no céu. Não podia falar com as pessoas nem olhar para lado nenhum da casa até a igreja. Assistir à missa e logo ir embora da mesma maneira que vim. Então de joelhos entreguei ao meu propósito, agradeci a Deus, pedi perdão por ter ouvido as pessoas falarem comigo, mas isto eu não podia evitar, só tentei não sair da unção. Davam-me diversos bom-dia, me chamavam pelo meu nome, eu fazia de tudo para não sair da minha concentração. Foi muito ruim! Eu ouvia as pessoas dizerem "O que está acontecendo?", "O que é isto?", "Coitada! Ela está completamente louca desde que o marido foi embora. Está numa luta grande com dois filhos para criar sem condição quase nenhuma", e outras coisas mais. Não foi fácil! Imaginam como foi difícil pagar esta promessa maluca, assim como tinha que ser. Mas eu paguei! Do jeitinho que foi falado minuciosamente como foi prometido. Só Deus sabe o que eu passei! As coisas que fazemos sem pensar acontecem assim, resultam em problemas. Depois que paguei essa promessa comecei a ajudar na igreja não só nas festas, mas também nas reuniões políticas que sempre existiam nas épocas das eleições.

    Certo dia havia tido uma dessas reuniões políticas e eu estava ajudando a arrumar guardando as cadeiras e mesas. Nisto me veio na cabeça uma pergunta que fazia muito tempo eu queria fazer ao padre:

– Padre, eu costumo ver algumas pessoas – vizinhas, inclusive – que nos domingos estão na igreja, não faltam um sequer. Só que em outros dias, como terça e sexta-feira, eu as vejo colocando nas encruzilhadas das ruas garrafas de cerveja, cachaça, velas de cores e outros tipos.

– A igreja não pode fechar as portas para quem nela quiser entrar – disse o padre.

– Sei que não pode fechar a porta. Mas falo de pessoas que fazem parte de todos os trabalhos que têm na igreja, assim como organizar o andor para colocar a imagem e carregar nas procissões, como também na de Corpus Christi etc.
– E complementei dizendo: às vezes eu passo de ônibus e vejo essas pessoas na porta do cemitério colocando oferendas. O estranho é que nas outras igrejas, que às vezes eu visito, não vejo essas coisas acontecerem.

– Em qual igreja a senhora vê isso? – indagou o padre.

– Na igreja evangélica.

O padre pareceu desconfortável com a conversa e então me veio ao coração para mudar de assunto, não perguntar mais nada, fingir não ter observado ele irado. Disfarcei cantarolando um louvor gospel bem conhecido e continuei arrumando. Acabei e perguntei se tinha mais alguma coisa para fazer. Diante da negativa do padre me despedi e me afastei para não mais voltar. Fui para casa esperar meus filhos chegarem da escola, só que a pergunta que fiz ao vigário continuou na minha cabeça o restante da tarde. As crianças chegaram do colégio, lanchamos, brincamos um pouco, chegou a hora das obrigações e, em seguida, à noite, jantamos. Fomos ver um pouco de televisão e depois fomos dormir.

A pergunta que fiz ao padre continuou na minha mente, eu queria saber sobre a diferença entre as duas igrejas: a católica e a evangélica. Eram 2h30 da manhã e eu não conseguia dormir! Orei a Deus para me dar um sono, eu precisava trabalhar. Ele é tão maravilhoso que primeiro me deu a resposta que eu precisava saber. Logo no início me deu uma visão e me mostrou duas igrejas: uma de porta aberta e cada espaço nela tinha diversas imagens da virgem Maria e outras mais. E na outra, uma imagem de um homem de tamanho normal, cabelos grandes todo machucado com pintura de feridas, sujeiras, vergões de chibatadas e sangramentos. Eu olhava pensativa e então veio no meu entendimento que a primeira era uma igreja que manifestava sua fé de diversas formas, inclusive por meio de imagens. A segunda era uma igreja menor, observei, estava escrito na parte de cima "Casa de Oração – aqui tem a presença de Jesus". No mesmo momento senti em meu coração: esta é uma Igreja Cristã Evangélica.

    Deus opera maravilhas. Eu concordo e creio no Senhor. Perguntei: quando eu estava naquele centro espírita o Senhor estava comigo? Eu pedi ajuda, o Senhor me livrou! Não deixou que nada me tocasse. Ele me falou que está sempre onde as pessoas estão ligadas na presença Dele e que eu não estava lá porque quis e sim por sua permissão. Eu pedi a bênção do meu Deus e Pai querido maravilhoso soberano e santo. Glória, aleluia, amém! Depois deste diálogo rápido com meu Pai Celestial, que tive em visão e revelação, caí num sono tranquilo e reparador, acordei renovadíssima, com uma disposição e uma alegria sem igual. Glória a Deus! Amém!

    Passei por todo tipo de religiões: seitas, filosofias, diversos tipos de espiritismo e catolicismo por duas vezes. Então eu tive outro encontro maravilhoso com o meu Criador, o terceiro e último assim tão especial. Quando tive este, foi da mesma forma dos outros dois: antes levei meus filhos para casa da minha irmã para eles não se emocionarem. Fui mal, num estado lastimável de desespero e tristeza profunda, sem demonstrar para ninguém. Eu não aguentava mais viver quase passando fome, para sobrar mais do pouco que tinha para os meus filhos comerem. Sem contar outras necessidades mais.

Assim que voltei para minha casa, depois de ter ido levar as crianças para casa da minha irmã, tomei uma decisão. Na época existia a loteria esportiva. Eram uns panfletos com os times de futebol e os fogos que iam ter com diversos números. Também chamados de "volantes". Era para escolher o time e treze números. Se acertasse os sorteados, ganhava. Eu peguei um volante desses e, em prantos, entrei no banheiro e comecei a falar com Deus, mas devido muito choro, a voz não saia. Foi aí que, com a bondade, o amor e misericórdia do meu Pai Celestial, comecei a sentir um refrigério e uma presença maravilhosa do Espírito Santo do Senhor Jeová. Logo comecei a falar e foi do mesmo jeito dos encontros especiais anteriores. Então, com o panfleto na mão, como uma boba, expus a Deus os meus problemas. Logo Ele, um ser que tudo sabe e tudo pode quando quer, se for o melhor para nós. Falei "se Ele me ajudasse a marcar os números daquele volante, eu ia acertar e minha vida iria melhorar!".

Neste dia me deu o bem-estar da minha saúde e pronto. Mais nada falou. Esperei um pouco de tempo na unção da presença Dele e então eu comecei ali mesmo a marcar os treze números achando que naquela presença boa eu podia ganhar. Na minha estúpida ignorância ainda falei "marquei! Me dá a prova da sua existência fazendo eu acertar este jogo".

Agradeci aquele momento e saí muito feliz dali. Era um domingo, os jogos eram feitos todas as segundas. Neste dia eu tinha que ir ao centro metropolitano vizinho, Niterói, levar meus filhos ao dentista. Saí de madrugada para chegar a tempo de pegar uma senha de atendimento de saúde no SUS.

Na situação na qual me encontrava eu não poderia mais vacilar. Na verdade, eu não saía mais cedo de casa por receio de andar sozinha de madrugada, só que desta vez eu acordei às 3 horas e saí às 3:20. Cheguei às 3:30 da madrugada e já havia três pessoas na minha frente, eu fui a quarta da fila. Três senhores. Depois chegaram mais duas jovens. Neste dia, como sempre, eu estava com o dinheiro contado para buscar o número de madrugada no SUS e depois voltar com as crianças à tarde para o dentista, que tinha horário de funcionamento vespertino. No caso, seriam três passagens de ida e volta à tarde e mais duas para ir pegar número para atendimento de madrugada. Eu precisava catar todos os tostões e economizar bem para fazer o jogo da loteria esportiva que era feito naquele dia.

    Eu estava na porta do SUS debruçada nos joelhos. Senti um tapa na cabeça, olhei e eram três marginais adultos e um moleque de aproximadamente 11 a 12 anos. Eles sacaram o que os senhores tinham, mas não os machucaram e ordenaram às mulheres que os seguissem. Um dos bandidos ficou com uma das jovens e o outro, com a segunda jovem. O terceiro veio atrás de mim com uma arma nas minhas costas. Eu tive uma visão. Vi um quadro de mais ou menos trinta por trinta, com a minha cama e os meus dois filhos dormindo nela. Fiquei sem entender e passei a andar devagar. O rapaz que estava comigo chegou ao meu lado, mirou o revólver na minha cabeça e falou para os outros, que estavam na frente, olharem.

    – Vou apagar essa aqui, está andando muito devagar! – O quadro sumiu de minha mente e eu disse:

    – Por isso não, meu filho! – e comecei a andar rápido. Ele falou:

– Aí, tia, assim que eu gosto, é esperta!

Avistamos a uma boa distância um homem na mesma rua que estávamos e os homens que estavam na frente falaram:

– Vem lá alguém.

O que me acompanhava falou com os comparsas:

– Se passar por nós vai morrer!

Graças a Deus o homem dobrou numa rua oposta que tinha antes e eu pude ver que quem estava comigo era o chefe. Perguntei:

– Para onde estamos indo?

Ele respondeu:

– Vamos dobrar a próxima esquina.

Desde o início não tive o menor medo. Logo chegou o lugar para onde estávamos indo. Dobramos numa rua e dez metros à frente começava o morro do estado. Foi para lá que nos levaram. Ao pé do morro tinha mais dois bandidos que falaram:

– Oba! A festa vai ser boa!

Os dois homens se juntaram a nós e começamos a subir. Tinha chovido e estava escorregadio. Um deles então falou:

– Cuidado, olha bem onde pisa.

Senti que, apesar de tudo, ele estava preocupado comigo. Continuei conversando normalmente, dizendo que ele era um bom rapaz, aconselhei, falei que um jovem tão novo devia sair desta vida enquanto é tempo.

– Veja bem: se a polícia os pegar o que seria de vocês? Eu sou de idade, sou mãe, me preocupo com jovem assim como vocês.

– Pra nós não tem mais jeito, tia!

Respondi:

– Tem jeito, sim. Quem disse que não? Jesus te ama e ama a todos nós! Você pode. É só pedir ajuda e querer! Deus com certeza vai te ajudar, Ele é bom!

Chegamos a um lugar de dois cômodos ainda no tijolo e inacabado, sem laje e sem nada.

Pouco tempo depois chegou um dos bandidos que estava no começo da subida do morro com uma tábua na mão, colocou-a no chão e deu uma ordem absurda para mim, com o revólver apontado:

– Tira a roupa e se deita ali. – E saiu dizendo que já voltava. – Se não atender vai se ver comigo!

Eu, que já sabia quem era o chefe, falei:

– Ô, meu filho, fala com seu colega, eu posso ser mãe de vocês, isto para mim é muito difícil. – Mal eu acabei de falar e ele apareceu falando:

– Você não me ouviu? Eu falei que ia dar ruim! – E apontou o revólver para mim. O outro, mais depressa, direcionou para ele dizendo:

– Na tia aqui ninguém toca, se manda! – O sujeito saiu rapidamente! Eu o agradeci dizendo:

– Obrigada, meu filho! Depois de Jesus você salvou a minha vida!

O rapaz me falou que o caso dos seus colegas era mulher, ele tinha a sua, mas os outros não. Iam usar e depois matar para não deixar rastros. Então eu falei:

– Não faça isto, meu filho, não pequem mais do que já estão pecando, deixem as moças com vida. Você é bom e provou isto agora!

Ele me deixou ali e disse:

– Não sai daí, vou ver o que posso fazer.

Eu acreditei que tinha ido interceder em favor das moças e cheguei a ouvir bem distante:

– Mudei de ideia, não matar nem machucar ninguém.

Em seguida perguntou pelo outro. Não souberam dizer. O rapaz voltou muito zangado dizendo que ia matá-lo quando o achasse e me falou:

– Um eu avisei, o outro não achei, já matou, mas vou acabar com ele aqui!

– Calma, não matou, fiquei aqui no maior silêncio não ouvi tiro nenhum – eu disse. E ele retrucou:

– Tia, tem outra maneira de matar sem fazer barulho.

– Ah! É!

Por um instante fiquei quieta e em seguida veio no meu coração e falei com firmeza e decisão:

– Não matou!

Bem tenso, ele falou:

– Eles tinham que aguardar a minha decisão final.

– Sossega que eu tenho certeza – disse.

– Como a senhora sabe?

– Não sei, mas respondo pelo que senti de Deus, que as duas estavam vivas. – Com a arma apontada o bandido falou:

– Vou deixar a senhora ir, mas vai devagar e cuidado para não cair.

– Fica tranquilo que vai dar tudo certo, vou orar por você – respondi.

Desci devagar, não porque ele tinha falado, mas agradecendo a Jesus por ter me livrado da morte duas vezes naquela madrugada. Chegando ao local do acontecimento, me perguntaram pelas moças e respondi:

– Lá no morro foi levada uma para cada lugar. Graças a Deus comigo não aconteceu nada, pois o chefe sobrou para mim e Jesus me deu sabedoria para lidar com ele e descobri tudo o que pretendia fazer nessa madrugada. Com aconselhamentos, pude ajudá-lo a não cometer mais atrocidades e, inclusive, não matar as moças. – Só pude dizer a quem me perguntou que "eles iam usar e matar as mulheres, então eu pedi ao chefe que impedisse que os outros matassem as moças. O bom é que me ouviu e foi ver o que podia fazer".

Alguém me retrucou: "e a senhora acreditou em palavra de bandido?". Eu respondi: "sim, acreditei". Imediatamente avistei as moças. As duas foram encontradas e estavam arrumadas e muito abaladas. Uma estava traumatizada e ambas ficaram sentadas na porta do estabelecimento. Nesta hora foi que chegou a polícia.

Fiquei indignada pela demora deles desabafei com os policiais:

– A polícia é chamada e só agora aparece. Por medo, será? Ninguém queria que enfrentassem os bandidos, mas que viessem rápido com a sirene ligada, pelo menos, para os bandidos correrem e não acontecesse isto que aconteceu com as duas jovens. Deviam ser suas filhas para deixarem de ser covardes! Agora, por favor, peguem-nas e levem-nas para o hospital que logo em seguida irei lá checar se as levaram mesmo, pois eu não confio em vocês!

Não sei como não fui presa por desacato à autoridade, só que eles não tinham moral para isto, pois eu estava coberta de razão. A verdade é que Deus me protegeu!

Logo abriu o prédio que fica o SUS e começaram a dar os números para atendimento. Eu peguei os meus e saí em seguida para o hospital. Chegando lá me apresentei, expliquei a situação, me informaram, subi e as encontrei, as duas sentadas juntas. Uma ainda estava em choque. Conversei com a outra, falei que eu também fui vítima junto com elas.

Eu mesma que disse a assistente social para conversar com as moças. Foi por Deus o chefe ter ficado comigo. Jesus me deu a sabedoria de conversar com ele. Consegui que não me tocasse e pude interceder por nós porque eles iam violentar todas as mulheres e depois matar a todas nós! Mas graças ao criador que o Espírito Santo colocou palavras de aconselhamento em mim, que veio quebrantar o coração daquele homem que ficou comigo, por isto estamos vivas. Neste mundo os problemas, as dores com os traumas, tudo passa, o mais importante é a vida! Com a graça e o poder de Deus tudo se recupera. E falei para as moças:

– Jesus irá curá-las deste trauma!

Fiquei com elas até os familiares chegarem, expliquei tudo como aconteceu e me agradeceram por ter esperado e explicado exatamente como foi. Saí com a minha consciência tranquila.

Chegando em casa, de joelhos no chão agradeci a Deus pelos livramentos e coragem que me deu. Ele então falou ao meu coração "no último encontro que foi recente, falaste 'se o Senhor existe, me prova dando a vitória no jogo da loteria esportiva', então eu dei a prova da minha existência e que estou contigo e te amo mostrando que os seus filhos precisam de você". Entendi, então, que Ele é que havia me mostrado aquele quadro em que vi minha cama com meus filhos. "Me perdoa, eu fiz isto pela minha grande necessidade, estou envergonhada", supliquei. Mas buscai primeiro o reino de Deus e sua justiça e as demais coisas vos serão acrescentadas (Marcos 6:33). Agradeci e fui à luta com experiência para nunca mais sair da presença de Deus.

À tarde almoçamos e saímos para o dentista. Chegando lá, tinha acabado de começar o atendimento. Deixei meu filho aguardando a vez, disse qual era o dente que ia cuidar e logo estava de volta. Só fui olhar os outros consultórios que estavam todos vazios. Então vi uma sala do lado oposto onde estava escrito "chefia". Abri, entrei e vi todos os outros dentistas sentados tomando cafezinho, conversando e dando gargalhadas. Perguntei quem era o responsável dali. Um se apresentou e eu perguntei se eles estavam sabendo o que tinha acontecido de madrugada na fila do SUS. Disseram que sim e que era lamentável, então eu falei "o motivo é esta desordem que todos os dias têm aqui, falta de responsabilidade, desrespeito com os horários, as pessoas que vem pegar números no SUS só pegam para um porque só um consultório está funcionando, os demais ninguém quer saber. Agora estou vendo o porquê" – com autoridade e decisão disse – "não quero mais ver isto acontecer e vou tomar providências devidas quanto ao acontecimento!". Então o responsável se comprometeu dizendo que não mais viria a acontecer este descaso aqui. "Assim espero e vou averiguar! Passar bem se for possível!" Saí dali e voltei para o consultório que estavam os meus filhos, eles ainda não tinham sido chamados e o meu filho ficou alegre por eu ter chegado a tempo, isto porque dentista é realmente um caso de preocupação para os medrosos.

Saímos dali e fomos para casa descansar um pouco e quis conversar com eles sobre o que aconteceu com a mãe deles de madrugada quando foi pegar o número para o dentista e o que Deus fez por nós. Eles ficaram abismados! O menino falou "não vai mais, minha mãe", e eu respondi "filhos, se precisar ir eu vou sim porque o Senhor Deus, que mora com a gente, está pronto para nos guardar. É assim que Ele fala com seus filhos mostrando o que faz para o nosso bem, só é preciso crer e confiar. Deus é tudo de melhor que temos nesta vida! Não o vemos por que é um ser Espiritual, mas ele nos vê e está sempre junto de nós vendo tudo o que acontece. Sem Ele não podemos viver. Desde o sol, o vento, a chuva, as plantas, fez nascer da terra nosso alimento, nos deu as árvores que liberam oxigênio para que possamos respirar bem com saúde..."

Ninguém tem condição de viver sem Deus Jeová, o Criador do céu, da terra, do mar, do mundo e de tudo que nele existe e quando somos obedientes a Ele e o seguimos como manda a Bíblia

Sagrada, isto é, dentro do nosso melhor possível, certamente nada nos faltará, é assim que se deve fazer na vida: Deus é muito bom!

Conclusão

O livro fala de uma vida que vem usufruindo, desde criança, de grandes milagres: curas, proteção, livramentos e outras maravilhas. Quase tudo o que vivi e passei neste mundo, até hoje, foi determinado por Deus, o Criador, assim como a escrita deste livro.

O relato de *O testemunho de uma vida* mostra ao leitor o quanto Deus é grandioso em Suas obras e capaz de operar milagres a quem possui o privilégio de conhecer o Altíssimo Soberano Misericordioso na intimidade com uma fé inabalável, servindo-O e obedecendo-O no seu melhor possível.

> *"Bem-aventurado é aquele que teme ao Senhor."*
> *Salmo 128.1*

"Buscai primeiro o reino de Deus e sua justiça e as demais coisas vos serão acrescentadas" (Marcos 6:33).

Compartilhando propósitos e conectando pessoas
Visite nosso site e fique por dentro dos nossos lançamentos:
www.gruponovoseculo.com.br

(f) facebook/novoseculoeditora
(@) @novoseculoeditora
(🐦) @NovoSeculo
(▶) novo século editora

gruponovoseculo
.com.br

Edição: 1ª
Fonte: Palatino Linotype